L'ARMÉE ANGLAISE

A L'INTÉRIEUR

ET DANS

LES POSSESSIONS BRITANNIQUES

Par le docteur ELY,

Médecin-major de 1re classe, adjoint au secrétariat du Conseil de santé
des armées.
Officier de la Légion d'honneur,
Membre de la Société de statistique de Paris, etc., etc.

PARIS

LIBRAIRIE DE LA MÉDECINE, DE LA CHIRURGIE ET DE LA PHARMACIE MILITAIRES

VICTOR ROZIER, ÉDITEUR,

Rue de Vaugirard, 75 (ancien 93),

Près la rue de Rennes,

1869

Paris. — Imprimerie de Cosse et J. Dumaine, rue Christine, 2.

L'ARMÉE ANGLAISE

A L'INTÉRIEUR

ET DANS

LES POSSESSIONS BRITANNIQUES

Dans la séance du 15 février dernier, M. le baron Larrey a présenté à l'Académie des sciences les huit volumes actuellement publiés, qui renferment les rapports statistiques et sanitaires de l'armée anglaise.

En faisant cette présentation, l'honorable président du conseil de santé a appelé l'attention de ses collègues de l'Institut sur le haut intérêt que peut offrir l'étude de ces documents officiels, et il a manifesté le désir de les voir un jour longuement analysés. C'est pour répondre à ce désir que nous avons entrepris le présent travail, dont les résultats paraîtront, nous osons le croire, à la hauteur du vœu exprimé. Nous n'y avons mis, pour notre part, que la persévérance et l'attention la plus soutenue. Tout le mérite des conclusions et des faits constatés en doit être reporté aux honorables confrères de l'armée anglaise, dont les uns ont fourni les matériaux de l'édifice, tandis que les autres les réunissaient et les reliaient pour en faire un monument.

Sous la direction successive de MM. Gibson et Logan,

c'est le chef du service de statistique, Sir Balfour Graham, qui a coordonné et rédigé, dès l'année 1859, cette importante publication ; et la statistique médicale de l'armée française, venue un peu après, a eu la bonne fortune de pouvoir mettre à profit les indications déjà fournies par les statisticiens anglais. Aussi, chaque fois que l'ont permis les différences d'organisation et de composition des deux armées, on s'est efforcé, en France, de marcher dans une voie parallèle, pouvant permettre plus tard la comparaison, et, par suite, asseoir le jugement.

Cependant les troupes anglaises sont répandues sur toute la surface du globe, et cette dissémination d'hommes d'une même race et d'une même origine, sous les climats les plus divers et les latitudes les plus variées, donne à la statistique anglaise un intérêt tout particulier qui ne saurait se rencontrer chez nous.

Il y a plus encore : dans un certain nombre de ces pays lointains, le soldat anglais se trouve en présence du soldat indigène, nègre, indien ou chinois, et c'est là, sans conteste, un sujet d'étude curieux à plus d'un titre, soit au point de vue ethnographique, soit au point de vue médical. Aussi est-il infiniment regrettable que les chiffres des troupes indigènes n'aient pas été fournis partout ; cette lacune est surtout sensible pour l'Inde. Envisagée sous ces différents aspects, l'analyse de la statistique anglaise prend des proportions inattendues, et nous avons dû, plus d'une fois, faire appel à l'impassibilité du chiffre pour éviter l'entraînement des conclusions hypothétiques.

Réduite à ses limites les plus strictes, obligée souvent de concentrer dans un chiffre éloquent des calculs considérables, cette étude a fait tous ses efforts pour être cependant complète, et pour ne laisser dans l'ombre aucun fait important. Les grandes divisions adoptées sont : d'abord la morbidité et la mortalité envisagées sous le rapport statistique ; puis les maladies principales, envisagées sous le rapport du climat et de la race. Parmi ces dernières, nous avons fait une catégorie spéciale, au point de vue militaire, de celles qui touchent à la situation morale des troupes.

Nous espérons avoir donné ainsi un tableau exact des conditions de santé de l'armée anglaise, et nous nous estimerions heureux d'avoir pu contribuer à attirer sur ces questions la curiosité scientifique, qui ne leur fait point défaut de l'autre côté du détroit.

I. — *Morbidité.*

La morbidité se détermine, d'abord, par le nombre des malades admis à l'hôpital, puis par les journées de traitement consommées. L'organisation médicale dans l'armée anglaise offre, pour le chiffre, ce suprême avantage de n'avoir à considérer qu'une seule catégorie de malades. On sait, en effet, que l'hôpital régimentaire est l'unique installation qui serve de base au système.

Il existe bien, en dehors, quelques grands hôpitaux, tels que celui de *Netley* où se rendent les malades venus des colonies, et ceux qui offrent des cas particuliers, désignés à un examen approfondi. Mais le nombre des admissions premières est seul considéré comme significatif, et il ressort uniquement des hôpitaux régimentaires, renfermant à la fois nos trois classes de malades, hôpital, infirmerie et chambre. Aucune comparaison n'est donc possible, comme chiffre des malades, pour l'observateur qui sait ce que contient, chez nous, cette dernière catégorie, au point de vue médical.

Cependant cette distinction n'est qu'apparente, et si l'on se reporte aux résultats plus concluants des journées de maladie, on trouve une approximation réelle. Ainsi, d'après le tableau I ci-après, la moyenne des admissions est pour l'armée anglaise à l'intérieur (*at home*) de 986 pour 1000 hommes d'effectif. Chez nous, elle était de 2,328 pendant la période 1862-66! Si, au contraire, on calcule d'après les journées quel est le chiffre moyen de malades *par jour*, on trouve, dans l'armée anglaise, 50 pour 1000, et dans l'armée française une proportion à peu près équivalente (46 pour l'effectif, 53 pour les présents).

Il en est de même pour les journées de maladie par homme d'effectif. En Angleterre, chaque homme a, en moyenne, 18 journées par an d'indisponibilité par maladie ; en France, la proportion est absolument la même pour l'effectif, et un peu inférieure (16) comparativement aux présents.

Le tableau I établit les proportions d'admission, de moyenne journalière et de journées de maladie pour toutes les troupes anglaises et indigènes des cinq parties du monde, pendant cette période de huit années. Ces chiffres éprouvent, comme on peut le voir, des variations considérables. Les admissions se sont élevées à 2,000 pour 1000 hommes parmi les Anglais en Chine, 1,833 dans la Guyane, 1,740 dans la province de Bengale, 1,594 au Japon, 1,528 à Ceylan. Les moyennes sont, au contraire, très-inférieures dans l'Océanie (560 en Australie) et dans l'Amérique du Nord (562 dans la Nouvelle-Écosse). Le chiffre modéré de la Nouvelle-Zélande (586) est remarquable en ceci qu'il se rapporte à des années de guerre et d'insurrection.

La proportion la plus élevée pour les troupes indigènes est celle des Asiatiques en Chine, 1426 au lieu de 2000 ; là aussi il y a eu guerre et occupation depuis 1860.

Pour les troupes nègres, celles de la Jamaïque donnent 1,287 admissions, celles de Ceylan 1,141, celles de la côte occidentale d'Afrique 1,205. Le chiffre minimum est de 688, à Sainte-Lucie (Antilles).

Il faut observer ici, une fois pour toutes, que les chiffres du rapport anglais comprennent seulement la troupe et les bas-officiers.

Partout où les troupes anglaises se trouvent en regard de troupes indigènes, sauf à la Jamaïque, la morbidité est plus élevée pour elles que pour ces dernières. On comprend, du reste, qu'il est impossible de donner une moyenne générale, en présence d'une telle diversité de pays, d'effectifs et de périodes d'observation.

TABLEAU Ier. — *Morbidité*.

LIEU DE RÉSIDENCE.	TROUPES ANGLAISES.					TROUPES INDIGÈNES.					OBSERVATIONS.
	Effectif annuel moyen.	Nombre annuel moyen de malades admis.	Pour 1000 hommes d'effectif. Combien de malades annuellement admis.	Pour 1000 hommes d'effectif. Combien de malades en traitement par jour.	Combien de journées de maladie par chaque homme d'effectif.	Effectif annuel moyen.	Nombre annuel moyen de malades admis.	Pour 1000 hommes d'effectif. Combien de malades annuellement admis.	Pour 1000 hommes d'effectif. Combien de malades en traitement par jour.	Combien de journées de maladie par chaque homme d'effectif.	
Royaume-Uni. . . . (1859-66).	78,029	77,530	980	49,82	18,11	»	»	»	»	»	
Méditerranée. Gibraltar. . (id.). .	5,224	4,155	795	40,21	16,68	»	»	»	»	»	
Méditerranée. Malte. . . . (id.). .	5,692	5,054	887	46,38	16,93	596	505	847	»	»	Fencible artillery, composée de Malais.
Méditerranée. Iles Ioniennes. (1859-64).	3,521	2,700	767	39,49	14,42	»	»	»	»	»	
Amérique du Nord. Canada. (1859-66).	7,169	4,809	670	30,58	11,12	»	»	»	»	»	
Amérique du Nord. Nouv.-Ecosse et Nouveau-Brunswick. (id.). .	2,599	1,459	562	25,58	9,34	»	»	»	»	»	
Amérique du Nord. Terre-Neuve. (id.). .	268	164	625	29,92	10,92	»	»	»	»	»	
Amérique du Nord. Columbie. (1859-63).	138	97	701	»	»	»	»	»	»	»	
Iles Bermudes. . . . (1859-66)	1,118	804	719	40,50	14,78,	»	»	»	»	»	
Mer des Antilles. Jamaïque. (1859-66).	667	709	1,063	42,47	15,49	748	924	1,287	59,91	21,74	Troupes noires.
Mer des Antilles. Iles Barbades. (id.).	739	829	1122			550	554	1007			Idem.
Mer des Antilles. Ste-Lucie. (1859-63).	87	82	943			84	58	688			Idem.
Mer des Antilles. Trinité. . . (1859-66).	216 {1,146	254 {1,382	1178 {1.207	50,01	18,25	92 {905	72 {830	780 {918	47,60	17,37	Idem (1859-64)
Mer des Antilles. Guyane. . . (id.). .	134	246	1833			225	184	818			Idem.
Mer des Antilles. Honduras. . (id.). .	»	»	»	»	»	309	306	990	34,84	12,71	Idem.
Mer des Antilles. Iles Bahama. (id.).	»	»	»	»	»	362	305	843	48,91	18,56	Idem.
Afrique occidentale : Sierra-Leone, Côte d'Or, Gambie. . . . . . . (1859-66).	»	»	»	»	»	1,207	1,455	1,205	60,88	22,41	Idem.
Ile Sainte-Hélène. . . (id.). .	527	448	843	38,94	14,21	»	»	»	»	»	
Cap de Bonne-Espér. (id.). .	4,284	4,005	935	49,49	17,70	»	»	»	»	»	
Ile Maurice. . . . . (id.). .	1,817	1,482	846	38,79	14,16	»	»	»	»	»	
Ile Ceylan. . . . . . (1859-66).	893	1,366	1,528	74,97	16,27	1,346	1,536	1,141	36,04	12,50	Troupes noires.
Chine. . . . . (1861-66).	2,792	5,465	2,000	98,11	35,78	1,275	1,848	1,425	51,90	18,94	Indiens ou Chinois.
Japon. . . . . (1864-66).	765	1,219	1,594	77,55	26,65	»	»	»	»	»	
Inde. Province de : Bengale. (1860-66).	39,251	68.315	1,740	65,13	23,77	»	»	»	»	»	
Inde. Madras. . (id.). .	12,002	46,758	1,396	63,34	23,12	»	»	»	»	»	
Inde. Bombay.. (id.). .	11,514	48,509	1,607	62,51	22,82	»	»	»	»	»	
Inde au total. . . . (1860-66).	62,764	103,627	1,650	»	»	»	»	»	»	»	
Australie et Tasmanie. . . . . . . (1859-66).	848	475	560	32,99	12,04	»	»	»	»	»	
Nouvelle-Zélande. . . (id.). .	5,448	3,194	586	31,26	11,82	»	»	»	»	»	

Pour les moyennes journalières de malades, la plus élevée se rencontre naturellement en Chine, 98 pour 1000, un dixième de l'effectif européen. Puis au Japon 78, à Ceylan 72 et dans l'Inde 64. Les troupes nègres ne viennent qu'après, 61 dans l'Afrique occidentale.

En Chine, la moyenne des journées de maladie a été de 36 par chaque homme d'effectif pour les Européens, 27 au Japon, 23 dans l'Inde, puis 22 pour les nègres de la côte d'Afrique. Les moyennes les plus favorables sont toujours celles de l'Océanie et de l'Amérique du Nord pour les Anglais ; du Honduras et de Ceylan pour les nègres.

Mais l'indication de ces moyennes générales, résultant des chiffres donnés pour la période, ne comprend qu'un côté de la question ; et il importe de savoir aussi dans quel sens se produisent les variations et les différences de proportion.

Pour l'armée à l'intérieur, on constate une amélioration constante et progressive, depuis les proportions de 1859, 1066 admissions, 51 malades par jour, jusqu'à celles de 1866, 853 admissions, 42 malades.

Il en est de même à Gibraltar ; les proportions d'admission avaient été de 966 et 976 pour les périodes comprises entre 1818 et 1856 ; en 1859, on avait 949, et 47 malades par jour ; en 1866, 587 admissions, 33 malades.

A Malte, on avait 1,142 et 1,128 admissions pour 1000 hommes depuis 1817 jusqu'à 1856 ; on trouve, en 1866, la moyenne 922.

Pour les îles Ioniennes, au lieu de 1201 et 1168, moyennes

des périodes antérieures citées, on a, en 1864, 559 seulement. Ces chiffres de la dernière année ne sont significatifs, il convient de le répéter, que comme résultat d'une diminution progressive et continue ; nous n'aurions pas à les citer s'ils n'étaient qu'un fait brut, sans corrélation avec les faits antérieurs.

Dans les possessions de l'Amérique du Nord, on constate une amélioration sensible, comparativement aux périodes antérieures ; mais depuis 1859, il y a tendance en sens contraire pour le Canada, et *statu quo* pour la Nouvelle-Écosse ; les chiffres de Terre-Neuve, qui, au commencement de la période, étaient considérablement augmentés, 1,330 admissions, sont revenus, à la fin, au-dessous des moyennes antérieures et contemporaines, 625.

Canada, 1817-1836, 1097 admissions pour 1000 hommes.
Idem. . 1837-1856, 950   *idem,*   *idem.*
Idem. . 1859-1866, 670   *idem,*   *idem.*

Nouvelle-Ecosse et Nouveau-Brunswick, 1817-1836, 820 admissions.
Idem. . . . .   *idem.* . . . . 1837-1856, 836 *idem.*
Idem. . . . . . . :   *idem.* . . . . 1859-1866, 562 *idem.*

Terre Neuve, 1837-1856, 689 admissions.
Idem. . . . . . 1859-1866, 625   *idem.*

A Bermude, on avait 1310 admissions de 1817 à 1836 et 1080 de 1837 à 1856 ; en 1859, on n'a que 577, mais on arrive au chiffre 1055 pour l'année 1866 ; la moyenne est 804 pour les huit années.

A la Jamaïque, on trouve pour les troupes blanches, 1812 admissions de 1817 à 1836 et 1371 de 1837 à 1856 ; la moyenne n'est plus que de 1063, et les variations survenues d'une année à l'autre n'indiquent aucune tendance bien marquée. Pour les troupes noires, on avait 784 de 1837 à 1855, on a aujourd'hui 1287, avec une tendance à l'accroissement de cette proportion. Dans les autres Antilles, on trouve aussi une diminution pour les troupes blanches, et une augmentation pour les troupes noires.

Barbade, Sainte-Lucie, Guyane et Trinité :

De 1817 à 1836, 1903 pour les blancs, 820 pour les noirs.
De 1837 à 1853, 1892 *idem,* 804 *idem.*
De 1859 à 1866, 1207 *idem,* 918 *idem.*

Mais, bien que cette dernière proportion soit favorable pour les Européens, il faut avouer que les chiffres des dernières années sont supérieurs à ceux du commencement de la période.

A Sierra-Leone, les troupes nègres avaient une proportion de 812 malades par an pour 1000 hommes d'effectif, pendant la période 1819-36; cette proportion est aujourd'hui de 952, avec une tendance à des chiffres plus élevés encore.

A Sainte-Hélène, au cap de Bonne-Espérance et à l'île Maurice, on signale généralement quelque amélioration, comparativement aux périodes antérieures ; mais les chiffres de la période actuelle ne donnent point de variations bien notables d'une année à l'autre ; il n'y a point de courant établi vers le mieux, non plus que vers le pire.

Sainte-Hélène . . 1837-56, 906 admissions; 1859-66, 843 admiss.
Bonne-Espérance. 1838-56, 875 *idem ;* 1859-66, 935 *id.*
Maurice.. . . . . . 1838-55, 909 *idem ;* 1859-66, 816 *id.*

Voici les chiffres pour Ceylan ; troupes blanches : 1817-

1836, 1678 admissions ; 1837-56, 1407 ; 1859-66, 1528.
Troupes noires : mêmes périodes, 1056, 1005, 1144.

Dans l'Inde, les proportions générales sont sensiblement
décroissantes pour la période actuelle ; ainsi, la moyenne
des admissions, qui est de 1915 pour 1860, n'est plus que
de 1432 pour 1866. La proportion générale est 1650, les
trois présidences réunies.

Chacune prise à part donne les résultats suivants :

Bengale, 1838-56, 2047 admissions ; 1859-66, 1740 admissions.
Madras,   *idem*,   1741   *idem* ;   *idem*,   1396   *idem*.
Bombay,   *idem*,   2117   *idem* ;   *idem*,   1607   *idem*.

La décroissance est très-marquée et bien continue dans
le Bengale et Bombay. Pour Madras, il y a à peu près éga-
lité entre les deux années extrêmes de la période.

Les possessions de l'Océanie, dont nous avons constaté
l'état sanitaire satisfaisant, ne présentent rien de contraire
au *statu quo*. Il n'y a pas même de différence à signaler
avec les périodes antérieures.

En résumé, amélioration générale de la morbidité, c'est-
à-dire du nombre des malades, parmi les Anglais, soit en
Angleterre, soit dans les colonies ; mais tendance en sens
contraire pour les troupes noires de la Jamaïque et des Antilles, qui ont un chiffre élevé de maladies vénériennes et de
fièvres intermittentes, et pour les nègres de l'Afrique occidentale, comme pour ceux de Ceylan. On pourrait conclure,
de ces différences dans les résultats, que le progrès hygié-
nique pénètre plus facilement parmi les Européens que

parmi les indigènes des pays lointains. Mais cette conclusion, en expliquant jusqu'à un certain point les conditions meilleures de santé du soldat anglais, resterait insuffisante devant le fait contraire constaté chez le nègre. Nous aurons occasion de revenir sur ce point, lorsque nous examinerons les maladies en particulier, et la mortalité.

II. — *Mortalité et réformes.*

L'étude des pertes de l'effectif, par mortalité et par réforme, présente des résultats très-dignes d'attention. La mortalité, parfois énorme, doit être envisagée sous tous ses aspects, et c'est pour cela que nous avons établi, dans le tableau II, les différentes circonstances dont il convient de tenir compte. Le document anglais, dans sa consciencieuse exactitude, a eu soin d'attribuer au climat d'origine les terminaisons fatales survenues après le retour du malade en Angleterre, et c'est là évidemment une sage et indispensable précaution. Nous avons, par conséquent, le véritable chiffre de la mortalité imputable au pays de résidence, et en éliminant, comme nous avons fait, les décès de cause violente, on peut obtenir le bilan le plus exact de la salubrité de chaque résidence des troupes.

Il nous a semblé nécessaire aussi de compléter la proportion obituaire par celle des réformes prononcées ; non que ces deux faits aient, en réalité, la même signification, mais parce que l'élimination d'un plus ou moins grand nombre de malingres et de valétudinaires doit évidemment influer sur la production de la mortalité.

Ainsi, l'armée anglaise à l'intérieur ne présente qu'une proportion très-minime de 9,37 pour 1000. Mais à côté de ce chiffre, nous trouvons celui très-considérable des réformés, 37,22, ce qui porte à 46,59 le chiffre des pertes totales. Cette proportion est évidemment exagérée ; elle comprend fort à tort les chiffres des dépôts, où reviennent bon nombre d'hommes dont la santé a déjà souffert au dehors, et par conséquent elle ne donne pas la note vraie de la situation sanitaire. Les réformes sont en effet toujours plus nombreuses dans ces dépôts, et souvent la mortalité aussi y est plus élevée. D'autre part, ces hommes ont encore fait un service militaire plus ou moins long depuis leur retour, et il devient, dès lors, bien difficile de tracer une démarcation suffisamment uniforme. Cependant, en ce qui concerne la question des mortalités, peut-être serait-il à désirer que le document anglais fît une catégorie spéciale des corps stationnés en entier à l'intérieur. C'est ce qui a été fait dans la statistique française lorsqu'on a voulu donner les résultats incontestables du recensement militaire de 1866.

La mortalité par mort violente est de 0,93 en Angleterre, et la mortalité de cause morbide donne la proportion 8,44.

Si nous comparons ce chiffre à celui de l'armée française à l'intérieur, pendant la période quinquennale 1862-66, nous trouvons une différence bien minime, 8,88 décès par maladie ; mais en dehors de cette comparaison de fait, les circonstances d'appréciation ne permettent guère une assimilation satisfaisante. Le recrutement anglais, en premier lieu, est absolument différent du nôtre ; c'est, chez nos voisins, une opération complétement médicale, l'armée ne se composant là que d'engagés volontaires. On doit donc compter sur une sélection plus attentive, et sur une composition physique de l'effectif très-supérieure en qualité.

D'autre part, l'engagement se contracte aux âges les plus variés et l'entrée sous les drapeaux se fait en plus grand nombre pendant la période de 18 à 19 ans, c'est-à-dire deux ans plus tôt que chez nous. De plus, la profession militaire est une carrière pour le soldat anglais, et il la parcourt jusqu'au bout, quand il le peut. Aussi, malgré l'influence de notre loi de 1856 sur le rengagement administratif, et malgré le plus grand nombre d'anciens soldats qu'elle a retenus dans nos rangs, la comparaison des âges établit une plus forte proportion d'hommes au-dessus de 30 ans dans l'armée anglaise.

Voici les chiffres principaux pour 1866 :

De 20 à 25 ans, 27 p. % chez les Anglais, 36 chez les Français.
De 25 à 30 ans, 28   *idem,*   32   *idem.*
De 30 à 35 ans, 16   *idem,*   15   *idem.*
De 35 à 40 ans, 9   *idem,*   6   *idem.*

Le détail des âges au-dessus et au-dessous de ces catégories n'est pas assez nettement défini pour que la comparaison puisse être complétée ; mais on peut encore donner la proportion de mortalité pour ces différents âges dans les deux armées. Ici le document anglais sépare nettement les dépôts des chiffres généraux de l'armée, et les chiffres français des corps stationnés en entier à l'intérieur fournissent un terme de comparaison très-exact.

Voici les différences pour 1859-66 en Angleterre et 1866 en France :

De 20 à 25 ans, mortalité pour 1000 Anglais, 5,73 ; Français,   9,8
De 25 à 30 ans,   *idem,*   8,01 ; *idem,*   9,3
De 30 à 35 ans,   *idem,*   12,26 ; *idem,*   10,2
De 35 à 40 ans,   *idem,*   16,35 ; *idem,*   11,2

La conclusion la plus naturelle à tirer de ces chiffres, c'est que la sélection a une influence considérable en Angleterre dans les premières années de service, et que cette influence s'affaiblit à partir de l'âge de 30 ans.

La comparaison avec les chiffres de la population civile de l'Angleterre donne absolument la même conclusion.

	Mortalité civile.	Mortalité militaire.	Différence.
De 17 à 19 ans,	7,41	3,13	4,28 pour l'armée.
De 20 à 24 ans,	8,42	5,73	2,49 *idem.*
De 25 à 29 ans,	9,21	8,01	1,20 *idem.*
De 30 à 34 ans,	10,23	12,26	2,03 pour la populat.
De 35 à 39 ans,	11,63	16,35	4,72 *idem.*
De 40 à 44 ans,	13,55	19,62	6,07 *idem.*

En France, la première sélection opérée devant les conseils de révision, et dans les circonstances que l'on connaît, ne donne pas des résultats aussi complets ; mais en revanche, lors du rengagement, l'opération devenue entièrement médicale reprend toute son efficacité, ce qui explique la diminution relative de mortalité, malgré l'augmentation d'âge.

Pour l'armée anglaise, en général, voici dans quelles proportions la mortalité augmente, selon l'âge et selon le lieu de résidence.

2

TABLEAU II. — *Mortalité par âges.*

LIEU DE RÉSIDENCE.	PÉRIODE d'observations.	Au-dessous de 20 ans.	De 20 à 24 ans	De 25 à 29 ans.	De 30 à 34 ans.	De 35 à 39 ans.	De 40 ans et au-dessus.	OBSERVATIONS.
			Proportion pour mille vivants de chaque âge.					
Royaume-Uni	1859–1866	3.43	5.73	8.01	12.26	16.35	19.62	
Méditerranée	1859–1865	6.37	6.79	12.41	14.12	25.75	28.26	
Amérique du Nord et Bermude	1859–1865	2.88	7.45	11.96	11.50	18.36	15.15	
Indes occidentales (troupes blanches).	1861–1863	»	4.41	9.80	9.04	13.39	40.09	
Idem (troupes noires . .	1859–1864	14 21	22.48	19.98	23.04	20.51	24.75	
Ile Sainte-Hélène.	1861–1865	»	5.10	9.17	21.44	8 20	»	
Cap de Bonne-Espérance.	1859–1865	3.51	7.95	10.74	14.77	17.91	38.96	
Ile Maurice.	1859–1865	9.67	16.57	16.29	28.88	33.90	33.33	
Ile Ceylan (troupes blanches).	1860–1865	10.83	16.70	27.84	38.46	56.18	166.70	
Chine et Japon (troupes européennes).	1861–1865	7.44	40.92	72.06	64.31	153.97	230.77	
Idem (troupes asiatiques). .	1864	»	31.01	23.39	28.39	26.60	43.80	
Inde.	1861–1865	7.11	16.49	25 64	32.03	42.78	56.34	
Australasie.	1859–1865	6.68	13.20	17.11	17.44	27 54	47.96	

Il y a là des chiffres d'une signification considérable. La mortalité de Ceylan et celle de la Chine pour les Européens au-dessus de 40 ans est hors de toute proportion normale.

Du premier âge au dernier, voici du reste quelle est la progression de la mortalité :

En Angleterre, comme 1 est à 6,3.

Dans la Méditerranée, comme 1 est à 6,4.

Dans l'Amérique du Nord, comme 1 est à 5,3.

Au Cap, comme 1 est à 11.

A Maurice, comme 1 est à 3,5.

A Ceylan, comme 1 est à 15.

En Chine, comme 1 est à 31.

Dans l'Inde, comme 1 est à 7,9.

En Océanie, comme 1 est à 7,2.

En regard de ces résultats, il convient de faire observer combien la progression est insignifiante parmi les troupes indigènes ; dans les Antilles, elle est comme 1 est à 1,7 et en Chine comme 1 à 1,4.

Les considérations particulières à chaque pays sont indiquées en détail dans le tableau III.

On voit que la mortalité la plus élevée est celle des troupes anglaises en Chine, 63,10 pour 1000 hommes d'effectif. Celle de la Guyane vient ensuite, 43,80 ; puis celle des troupes noires de la côte occidentale d'Afrique, 36,45. En quatrième ligne, les troupes anglaises de Bermude, 32,90, et au cinquième rang, celles de la présidence du Bengale, 30,20.

TABLEAU III. — *Mortalité et réformes.*

LIEU DE RÉSIDENCE.	TROUPES ANGLAISES.									TROUPES INDIGÈNES.					OBSERV.
	EFFECTIF moyen.	NOMBRE ANNUEL moyen de décès — dans le pays.	en Angleterre.	Total.	PROP. ANN. pour 1000 h. d'effectif des décès — par maladie.	par mort violente.	Total.	des réformes.	des pertes totales.	EFFECTIF moyen.	Nombre annuel moyen des décès.	PROP. ANN. pour 1000 h. d'effectif des décès — par maladie.	par mort violente.	Total.	
Royaume-Uni. . . . (1859-66).	78,629	»	»	737	8,44	0.93	9,37	37,22	46,59	»	»	»	»	»	
Méditerranée. Gibraltar. (1859-66).	5,224	43	5	48	»	»	9,19	10,38	19,57	»	»	»	»	»	
Malte. . . (id.).	5,092	07	5	72	. »	»	12,74	9,21	21,95	596	5	6,92	1,47	8,39	
Iles Ioniennes. (1859-64).	3,521	30	2	32	8,43	1,01	9,14	12,33	21,47	»	»	»	»	»	
Amérique du Nord. Canada. (1859-66).	7,169	65	4	69	7,21	2,41	9,62	9,25	18,87	»	»	»	»	»	
Nouv.-Ecosse et Nouveau-Brunswick. (id.).	2,599	17	2	19	5,96	1,40	7,36	9,62	16,98	»	»	»	»	»	
Terre-Neuve. (id.).	263	2	0,4	2,4	8,08	0,95	9,03	10,74	19,77	»	»	»	»	»	
Columbia. (1859-63).	138	2	»	2	3,62	10,88 (A)	14,50	»	»	»	»	»	»	»	(A) Accidents.
Iles Bermudes. . . . (1850-66).	1,118	35	2	37	30,55	2,35	32,90	8,74	41,64	»	»	»	»	»	
Mer des Antilles. Jamaïque (1859-66).	667	10	1	11	10,94	1,50	12,44	21,22	33,66	718	19	24,56	2,44	27	
Iles Barbades. (id.).	739 ⎫	5 ⎫					6,60 ⎫			550 ⎫	12 ⎫			20,9 ⎫	
Ste-Lucie. (1859-63).	87 ⎬ 1146	1 ⎬ 14	1	15	13,04	1,09	9,20 ⎬ 14,13	17,75	31,88	84 ⎬ 905	2 ⎬ 18	18,22	1,66	23,82 ⎬ 19,88	
Trinité. (1859-66).	216	4					18,55			92	1			10,87	
Guyane. (id.).	134 ⎭	6 ⎭					43,80 ⎭			225 ⎭	4 ⎭			18,34 ⎭	
Honduras. (id.).	»	»	»	»	»	»	»	»	»	309	7	16,57	4,45	21,02	
Iles Bahama. (id.).	»	»	»	»	»	»	»	»	»	362	10	»	»	27,98	
Afrique occidentale : Sierra-Leone, Côte-d'Or, Gambie. . . (1859-66).	»	»	»	»	»	»	»	»	»	1,207	44	32,47	3,98	36,45	
Ile Sainte-Hélène. . . (id.).	527	5	»	5	7,84	1,91	9,75	15,20	24,95	»	»	»	»	»	
Cap de Bonne-Espérance. (id.).	4,281	45	3	48	9,76	1,46	11,22	20,23	31,45	»	»	»	»	»	
Ile Maurice. (id.).	1,817	30	3	33	16.58	1,65	18,23	15,96	34,19	»	»	»	»	»	
Ile Ceylan. . . . (1859-66).	893	21	1	22	23,94	1,96	25,90	24,20	50,10	1,346	20	14,87	0,65	15,52 (A)	(A) 14,42 réfo mes.
Chine. . . . (1861-66).	2,792	153	23	176	58,32	4,78	63,10	29,40	82,80	1,275	36	27,45	1,18	28,63	
Japon. . . . (1864-66).	765	20	»	20	21.79	4,36	26,15	»	»	»	»	»	»	»	
Inde. Présidence de : Bengale. (1860-66).	39,261	1102	84	1186	28,15	2,05	30,20	»	»	»	»	»	»	»	
Madras. . (id.).	12,002	236	29	264	19,97	2,11	22,08	»	»	»	»	»	»	»	
Bombay. (id.).	11,514	249	24	273	21,65	2,07	23,72	»	»	»	»	»	»	»	
Inde au total. . . . (id.).	62,764	1587	138	1725	25,40	2,00	27,46	16,82	44,28	»	»	»	»	»	
Australie et Tasmanie. . . .	848	41	2	43	13,57	1,47	15,04 ⎫	17,72 ⎫	34,42 ⎫	»	»	»	»	»	
Nouvelle-Zélande.	5,448	87	5	92	41,45	5,39	46,84 ⎭	⎭	⎭	»	»	»	»	»	

Les proportions les plus faibles sont celles des Anglais aux Barbades, 6,60, et dans la Nouvelle-Écosse, 7,36.

Le chiffre le plus élevé des réformes est celui que nous avons constaté en Angleterre, 37,22 pour 1000, et nous en avons donné l'explication. La Chine, Ceylan et la Jamaïque donnent les proportions les plus fortes d'hommes réformés en Angleterre pour maladies contractées dans le pays, en dehors de ceux déjà contenus au chiffre 37,22. Ceux-ci ont été l'objet d'un envoi spécial à l'hôpital de Netley, où la réforme a été prononcée.

Comme pertes totales, on a le chiffre le plus élevé en Chine, 82,80 pour 1000 ; puis vient celui de Ceylan, 50,10 ; celui de l'Inde, 44,28, ne vient qu'après celui de l'Angleterre, 46,59.

Les proportions de décès par maladie suivent à peu près l'ordre donné pour les décès en général. Les morts violentes contiennent un petit nombre d'hommes tués sur le champ de bataille, 229 dans l'insurrection de la Nouvelle-Zélande, en six années ; quelques-uns dans le Honduras, dans l'Afrique occidentale et en Chine après la guerre de 1860. Nous n'avons pas pu mettre à profit les chiffres de cette année 1860 en Chine ; les effectifs ont tellement varié, que le rapport anglais a dû donner des proportions trimestrielles impossibles à réduire, pour nous, en moyennes annuelles. Le suicide, comme cause de mort violente, est étudié en détail au chapitre suivant.

Mais pour compléter ce qui touche à la mortalité, il faut donner encore les chiffres relatifs aux effectifs, pendant leur transport dans les colonies, soit à l'aller, soit au retour. Ces effectifs sont en effet assez considérables pour ne pas être négligés ; ils ont atteint une moyenne de 4,700 hommes par an, de 1861 à 1866, et la mortalité, à bord, de ces troupes de terre, a été de 16,17 pour 1000. Il faut cependant établir une différence notable entre les hommes partant d'Angleterre pour les colonies, et ceux qui reviennent des pays lointains, ou qui ne font que changer de lieu de résidence dans les pays étrangers.

Ainsi *pour les partants* on a :

Effectif annuel moyen, 2427 hommes ; moyenne annuelle des décès, 13 : proportion 5,36 pour 1000.

Les *revenants*, au contraire, donnent :

Effectif annuel moyen, 1653 ; moyenne des décès, 48 ; proportion 29 pour 1000.

Enfin, pour ceux qui changent de garnison à l'étranger, les chiffres sont :

Effectif, 620 ; décès, 15 ; proportion 24,2 pour 1000.

Comme comparaison avec les époques antérieures, on constate presque partout des améliorations considérables. Dans son rapport de 1860, l'honorable Sir Balfour Graham fait remarquer les différences de mortalité qui existent entre les chiffres des vingt dernières années et ceux des époques antérieures à 1836, et il n'hésite pas à attribuer les succès obtenus à la mise en lumière, par la statistique, des faits morbides de chaque région ; ce qui a été l'occasion des mesures prophylactiques et hygiéniques dont on apprécie aujourd'hui les bons effets. Ainsi, à la Jamaïque, on avait la proportion 128 décès pour 1000 hommes avant 1836 ; elle est tombée à 61 depuis cette époque, et le tableau que nous venons d'établir la montre à 12,44 seulement depuis 1859.

A Terre-Neuve, elle était de 38; elle est tombée à 11, et elle est aujourd'hui de 9.

A Sainte-Hélène, elle était de 25 ; elle est tombée à 12, elle est aujourd'hui de 10.

A Ceylan, elle était de 75 ; elle est tombée à 39, elle est aujourd'hui de 26.

Les différences sont partout aussi considérables; au Bengale, 76 avant 1856, 30 aujourd'hui ; à Madras, 22 au lieu de 41 ; à Bombay, 24 au lieu de 61. Il en est de même en Europe ; pour Gibraltar, on trouve la proportion 22 avant 1836, 13 depuis 1837, 9 aujourd'hui ; pour Malte, 18 jusqu'en 1856, 13 aujourd'hui ; aux îles Ioniennes, 28 dans la première période, puis 18, et aujourd'hui 9.

On ne saurait contester des résultats aussi généraux et aussi significatifs ; on ne saurait non plus, sans injustice, en refuser le mérite aux efforts de la science et aux applications de l'hygiène; il y aurait donc mauvaise grâce à ne pas tenir compte à la statistique du rôle de phare qu'elle a joué en éclairant ces écueils, jusque-là inexplorés.

Le rapport de 1865 a donné de plus quelques chiffres intéressants sur la morbidité et la mortalité des femmes de soldats. Pendant les cinq années 1860-64, cette morbidité a été de 401 pour 1000 femmes, et cette mortalité de 7,36. Les maladies spéciales au sexe donnent la proportion 1,23 décès

pour 1000 femmes. Les maladies tuberculeuses semblent
moins fréquentes que chez les soldats. Si ces études sont con-
tinuées dans l'avenir, il y aura là, dans quelque temps, de
précieux enseignements à recueillir.

III. — *Maladies principales*.

Nous arrivons à l'étude des maladies en particulier, et
nous allons passer en revue les affections principales, consi-
dérées comme spéciales aux différents climats. Ce travail
est entouré de difficultés que l'on ne peut se dissimuler ; il
a fallu relever, année par année et pays par pays, les chiffres
constatés, et les recherches ont été souvent contrariées par
des modifications ou des omissions dans la forme des documents. La nomenclature nosologique adoptée par les Anglais n'offre pas non plus toute clarté, et nous avons dû
laisser absolument de côté la fièvre typhoïde, par exemple,
qui nous a paru confondue le plus souvent avec la fièvre
continue sous une même dénomination.

Nous avons d'ailleurs limité forcément nos investigations
aux points principaux qui pouvaient jeter quelque lumière
sur la constitution médicale des pays, et sur les affinités spéciales des races.

Il nous a paru bon, également, d'insister sur les faits qui
constituent ce que l'on peut appeler la situation morale du
soldat. Nous avons donc recherché les chiffres relatifs à
l'alcoolisme, à l'aliénation mentale, au suicide, à la maladie
vénérienne même, indépendamment du point de vue médi-

cal, et aussi aux conséquences morbides du châtiment corporel, encore en usage dans l'armée anglaise.

Le degré d'action d'une maladie sur l'ensemble de la constitution médicale se détermine le plus souvent par sa mortalité, et c'est ainsi que nous avons procédé dans le tableau IV ci-après. Cependant, pour les affections portées au tableau V, nous avons préféré la proportion des atteintes comme plus significative. L'indication de ces maladies en tête du tableau suffira à expliquer et à faire admettre cette manière de procéder.

1º *Phthisie pulmonaire*. — La phthisie pulmonaire est de tous les pays, de toutes les nations ; sa mortalité varie extrêmement d'un lieu à l'autre, mais sans qu'il soit possible d'affirmer l'influence des conditions climatologiques. Nous n'avons, du reste, aucun désir de formuler des conclusions, et l'historique fidèle des faits est notre seul but. Libre à chacun de les interpréter pour ou contre les idées admises.

Au point de vue de la race, il semble incontestable qu'une mortalité phthisique plus considérable sévit sur le nègre. Nous trouvons en effet dans les Antilles des proportions extrêmement élevées, 5,95 en moyenne, 7,05 aux Barbades, 9,67 au Bahama ! Le chiffre le plus fort de la mortalité parmi les Européens, celui de l'Australie (4,42) n'atteint pas à cette moyenne. Il est vrai d'ajouter que la mortalité doit être complétée par les réformes, et c'est ce que nous avons fait ; mais si, en l'absence des chiffres complets de réforme pour les nègres, nous prenons la moyenne connue des deux années 1865-66, nous trouvons que la perte totale des troupes noires, par phthisie, dans la mer des Antilles, est de 9,23 pour 1000, chiffre que n'atteint pas la proportion la plus élevée constatée chez les Anglais en Australie 9,07.

En revanche, on a, dans ces parages américains, en regard du chiffre 9,23 pour les noirs, la proportion totale 3,92 pour les Européens. C'est là qu'est la véritable comparaison, et elle est singulièrement significative.

Cependant à Ceylan, la proportion nègre est beaucoup inférieure à la proportion européenne, et cette discordance des résultats nous oblige à poser ici la question tant débattue de l'antagonisme entre la tuberculisation pulmonaire et l'intoxication paludéenne. Cette diminution de la mortalité phthisique chez les noirs coïncide en effet, pour Ceylan, avec une proportion considérable d'atteintes de fièvres, 400 pour 1000 hommes. Et si nous nous reportons aux chiffres des Antilles, nous trouvons quelques faits analogues dignes d'être notés. Ainsi, à la Guyane, proportion énorme de fièvres pour les Européens, 1052 ; mortalité phthisique, nulle ; proportion modeste de fièvres pour les nègres, 121 ; mortalité phthisique très-forte, 4,45.

En Chine, nous constatons un fait semblable ; 575 atteintes de fièvre parmi les indigènes, 1,31 seulement de mortalité phthisique.

Tableau IV.

POUR 1000 HOMMES D'EFFECTIF, COMBIEN DE DÉCÈS PAR — and **POUR 100 MALADES, combien de décès par**. (A. = Troupes anglaises ; I. = Troupes indigènes.)

LIEU DE RÉSIDENCE.	Phtisie — Décès A.	Décès I.	Réformes A.	Total A.	Mal. org. respiratoires A.	resp. I.	Dyssenterie A.	Dyss. I.	Hépatite A.	Hép. I.	Choléra A.	Chol. I.	Fièvre jaune A.	Choléra (100 mal.) A.	Chol. (100) I.	Fièvre jaune (100 mal.) A.
Royaume-Uni.	2,62	»	5,20	7,82	1,23	»	0,04	»	0,17 (a)	»	»	»	»	»	»	»
Méditerranée. Gibraltar.	0,96	»	2,07	3,03	0,36	»	0,19	»	0,14	»	10,27 (b)	»	»	62,6 (b)	»	»
Malte.	1,58	4,47	2,29	3,87	0,77	0,42	0,42	»	0,20	»	15,57 (c)	6,87 (c)	»	72,3 (c)	44,5 (c)	»
Iles Ioniennes.	0,95	»	1,42	2,37	0,52	»	»	»	»	»	»	»	»	»	»	»
Moyennes pour la Méditerranée.	1,20	»	1,99	3,19	0,56	»	0,24	»	0,14	»	13,4	»	»	66,6	»	»
Amérique du Nord. Canada.	1,52	»	»	»	1,43	»	»	»	»	»	»	»	»	»	»	»
Nouvelle-Écosse et Nouveau-Brunswick.	1,25	»	»	»	0,91	»	»	»	»	»	»	»	»	»	»	»
Terre-Neuve.	1,90	»	»	»	2,58	»	»	»	»	»	»	»	»	»	»	»
Columbie.	»	»	»	»	»	»	»	»	»	»	»	»	»	»	»	»
Moyennes pour l'Amérique du Nord.	1,45	»	1,84	3,17	1,37	»	»	»	»	»	»	»	»	»	»	»
Iles Bermudes.	2,12	»	2,46	4,58	0,56	»	0,22	»	0,34	»	»	»	159,6 (d)	»	»	35,4 (d)
Mer des Antilles. Jamaïque.	1,31	4,88 (f)	3,93	5,24	0,56	3,83	0,19	»	0,52	0,56	0,35	»	»	0,75 (e)	»	»
Barbades.	0,85	7,05	»	»	0,17	2,73	»	»	0,45	0,17	0,23	»	»	6,45 (g)	»	18,5
Sainte-Lucie.	2,30	4,76	»	»	»	4,76	»	»	»	»	2,38	»	»	52,7 (h)	»	91,0
Trinité.	2,31	3,63	»	»	»	»	»	»	»	»	»	»	»	»	»	»
Guyane.	»	4,45	»	»	3,33	»	0,98	»	0,40	0,93	»	»	»	36,6 (i)	»	42,8
Honduras.	»	4,05	»	»	1,62	»	»	»	»	»	»	»	»	»	»	»
Bahama.	»	9,67	»	»	5,87	»	»	»	0,35	»	0,35	»	»	»	»	»
Moyennes pour la mer des Antilles.	1,24	5,95 (j)	2,68	3,92	0,34	3,32	0,21	»	0,44	0,34	0,25	»	»	20,4	»	44,1
Afrique occidentale : Sierra-Leone, Côte-d'Or, Gambie.	»	5,91	»	»	»	5,80	»	8,39	»	1,14	»	»	»	»	»	»
Île Sainte-Hélène.	4,19	»	1,52	2,74	1,19	»	0,48	»	0,24	»	»	»	»	»	»	»
Cap de Bonne-Espérance.	1,31	»	1,85	3,16	0,85	»	0,88	»	0,29	»	»	»	»	»	»	»
Île Maurice.	1,86	»	2,43	4,29	0,69	»	2,68	»	0,90	»	34,2 (k)	»	»	37,9	»	»
Moyennes pour ces trois pays.	1,45	»	1,99	3,44	0,83	»	1,34	»	0,45	»	10,6	»	»	37,8	»	»
Île Ceylan.	2,66	1,30	4,08	6,74	0,84	4,26	5,60	1,83	2,94	2,04	2,4	4,6	»	43,6	50,0	»
Chine.	2,93	1,31	1,37	4,30	1,91	1,83	13,48	3,14	2,63	1,44	12,3 (l)	4,2	»	63,8	27,1	»
Japon.	0,87	»	»	3,05	»	1,34	»	»	»	»	18,5 (l)	»	»	84,6 (l)	»	»
Présidence du Bengale.	2,23	»	1,26	3,49	1,14	»	3,07	»	3,03	»	7,89	»	»	64,5	»	»
Idem de Madras.	1,64	»	0,88	2,52	0,03	»	2,76	»	3,26	»	3,10	»	»	49,6	»	»
Idem de Bombay.	1,80	»	1,42	3,22	0,87	»	2,52	»	2,56	»	5,28	»	»	62,4	»	»
Moyennes pour l'Inde.	2,04	»	1,53	3,57	0,99	»	2,92	»	2,99	»	6,50	»	»	60,3	»	»
Australie et Tasmanie.	4,42	»	4,65	9,07	0,74	»	0,44	»	0,15	»	(m)	»	»	11,4	»	»
Nouvelle-Zélande.	1,65	»	1,93	3,58	0,83	»	0,60	»	0,32	»	»	»	»	»	»	»
Moyennes pour l'Australasie.	2,02	»	2,10	4,12	0,81	»	0,58	»	0,30	»	»	»	»	»	»	»

OBSERVATIONS.

A. Troupes anglaises.
I. Troupes indigènes.

Les troupes indigènes sont des Maltais à Malte, des nègres dans les Antilles, l'Afrique occidentale et Ceylan, des Indiens ou des Chinois en Chine

(a) Dont moitié dans les dépôts.
(b) 1860 et 1865.
(c) 1865.
(d) 1864.
(e) 4 cas isolés. (f) 1,15 réformes. Total, 6,03.
(g) 1862.
(h) 1859.
(i) 1861-64-65-66.
(j) 3,28 réformes, 1865-66. Total, 9,23.
(k) 1862.
(l) 1864.
(m) 2 décès.

Dans l'Inde, les pertes par phthisie sont aussi très-peu élevées pour les Anglais, 3,57 au total ; et, en revanche, on trouve 423 atteintes de fièvre paludéenne, par année moyenne, pour 1000 hommes d'effectif.

Nous ne dissimulerons pas qu'en regard de ces faits singuliers, certains pays nous offrent parallèlement l'immunité paludéenne et la phthisie peu meurtrière. Cependant ajoutons encore qu'il n'existe pour ainsi dire pas de fièvres intermittentes en Australie, où les troupes anglaises ont perdu leur maximum de phthisiques, 9,07 année moyenne.

En dehors de ces faits, qu'il nous a paru utile de faire ressortir, nous dirons que les pertes par phthisie sont généralement considérables dans l'armée anglaise. Elles s'élèvent à 7,82 pour le Royaume-Uni. L'armée française, pendant la période 1862-66, n'a perdu de ce chef que 3,03, réformes comprises. La sélection est cependant beaucoup plus consciencieuse chez nos voisins, où le recrutement est uniquement confié aux médecins délégués ; mais, d'autre part, il est permis de croire que l'éclosion du tubercule devient chez eux plus fréquente avec l'âge, comme cela a été constaté par la statistique française ; et dès lors le plus grand nombre de vieux soldats maintenus sous les drapeaux, sans nouvel examen, suffirait à expliquer en partie cette proportion si supérieure à la nôtre.

Pour les troupes anglaises, on a à Ceylan 6,74, et 5,24 à la Jamaïque. Les îles Ioniennes offrent la proportion la moins forte, 2,37.

Pour les nègres, le chiffre le plus élevé est celui de Bahama, que nous avons donné. Les proportions les plus faibles sont celles de Ceylan et de la Chine, que nous avons données aussi.

Nous n'avons, encore une fois, pas cru possible d'établir des moyennes générales, pour des chiffres recueillis dans des conditions si peu homogènes.

2° *Les maladies des organes respiratoires* offrent une mortalit très-supérieure aussi pour les nègres des Antilles ; la proportion moyenne est pour eux de 3,32 alors qu'elle n'est que de 0,34 pour les Européens. Il convient de se rappeler ici que les décès survenus en Angleterre, pour maladie contractée à l'extérieur, sont rigoureusement compris dans cette proportion si minime.

Le chiffre le plus élevé est celui des troupes nègres de Bahama 5,87, puis celui des mêmes troupes à Sainte-Lucie et à la Jamaïque, 4,76 et 3,83. On se souvient que la mortalité phthisique a été très-considérable dans ces trois pays.

Pour les troupes européennes, le chiffre le plus élevé est celui du Japon, 3,05 ; le plus faible est celui des Antilles, 0,34, en Angleterre ; on a la moyenne 1,23.

3° La *dyssenterie* a surtout sévi sur les troupes anglaises en Chine; on a là une moyenne énorme de mortalité 13,08. Les troupes noires de la côte occidentale d'Afrique en souffrent beaucoup aussi ; elles perdent 8,39 en moyenne par an.

La dyssenterie est encore très-meurtrière à Ceylan ; 5,60 pour les Anglais, 2,04 pour les nègres. Dans l'Inde, la moyenne est de 2,92 pour les troupes européennes.

4° L'*hépatite* est relativement moins fréquente; son maximum de mortalité est de 2,99 dans l'Inde, puis 2,94 à Ceylan et 2,63 en Chine. Le chiffre le plus élevé pour les noirs est de 2,38 à Sainte-Lucie.

5° Le *choléra* a sévi sans interruption à Ceylan, en Chine et dans l'Inde. Dans le premier de ces pays, les troupes blanches ont perdu seulement 2,4 pour 1000 d'effectif, année moyenne, et 44 pour 100 des malades; les troupes noires, 5 pour 1000 d'effectif, 50 pour 100 des malades; fréquence et gravité plus fortes, par conséquent, chez ces dernières.

En Chine, au contraire, les Anglais ont plus souffert; 12 pour 1000 d'effectif, 64 pour 100 malades, alors que les troupes asiatiques ne perdaient que 4 pour 1000, et 27 pour 100 malades.

Dans l'Inde, les proportions moyennes ont été 6,50 pour 1000 d'effectif, 60,3 pour 100 malades.

Comme violence de l'épidémie, le chiffre le plus élevé, après celui des nègres de Ceylan, est celui des Anglais de l'île Maurice, en 1862, 31 pour 1000 d'effectif. Comme gravité des cas, on trouve 85 décès pour 100 malades, au Japon, en 1864, et 72 à Malte en 1865, parmi les Anglais.

Si l'on prend l'ensemble des manifestations cholériques, sans acception de pays, on trouve entre les différentes populations ces différences notables dans la gravité du mal : 27 décès pour 100 malades asiatiques, 50 pour 100 nègres, 60 pour 100 Anglais.

6° La *fièvre jaune* n'a sévi que dans la mer des Antilles

et aux Bermudes : on sait assez que la race noire est absolument indemne de cette terrible maladie. Cependant un cas isolé a été constaté parmi les troupes nègres du Honduras, en 1860.

L'épidémie la plus violente a été celle des Bermudes en 1864 ; elle a fait périr 160 hommes par 1000 d'effectif. Les autres chiffres sont 53 pour 1000 à la Trinité, en 1859 ; 37 pour 1000 à la Guyane, où elle a régné pendant quatre années. Comme gravité, la moyenne générale est de 37 décès pour 100 malades ; cependant, à la Trinité, cette moyenne s'est élevée à 91.

7° *Fièvre intermittente et rémittente.* Nous avons déjà donné, ci-dessus, une grande partie des chiffres de la fièvre paludéenne, en parlant de l'antagonisme de cette maladie avec la phthisie pulmonaire. Il nous reste à enregistrer les renseignements bruts, au point de vue de la topographie médicale.

Disons donc que l'Angleterre, Gibraltar, Malte, l'Amérique du Nord et les possessions de l'Océanie sont à peu près exemptes de ces manifestations morbides ; la moyenne des cas varie entre 4 et 7 pour 1000 hommes.

Au cap de Bonne-Espérance, à Maurice et à Sainte-Hélène, la moyenne est de 22 cas. Elle est au contraire de 222 pour les Anglais dans la mer des Antilles, et de 179 pour les nègres.

Les chiffres les plus élevés, ceux qui impliquent une situation violemment imprégnée de paludéisme, sont ceux de Ceylan (400 pour les nègres), de la Chine (450 Anglais, 575 noirs), du Bengale (486) et de Bombay (477).

Tel est le tableau, aussi exact que possible, de la constitution médicale de chaque pays, réduite à ses traits principaux. En réunissant les chiffres de la morbidité et ceux de la mortalité, on a l'ensemble, la physionomie générale ; en étudiant les chiffres propres aux maladies qui viennent d'être désignées, on aura les détails ; pas tous, peut-être, mais les plus intéressants, du moins, et ceux sur lesquels se doit porter plus attentivement la curiosité scientifique dans une étude qui embrasse, pour ainsi dire, le globe entier.

Il ne nous reste plus qu'à insister quelque peu sur la répartition des maladies vénériennes, sur leur fréquence, et sur les affections qui tiennent à la santé morale de l'armée.

IV. — *Santé morale.*

8° La *maladie vénérienne*, comme la phthisie, se rencontre partout et parmi toutes les races. Sa fréquence la plus grande a été celle de l'armée anglaise au Japon, 434 admissions pour 1000 hommes, année moyenne. Cette proportion descend à 25 parmi les Anglais à la Nouvelle-Zélande. En Angleterre, le chiffre est de 329 ; il est pour notre armée à l'intérieur de moins de 100 (97 à 98). Mais il faut se rappeler que la santé publique n'est pas protégée chez nos voisins, comme elle l'est chez nous, par les institutions sanitaires et les visites préventives.

Depuis 1864 seulement, un acte du parlement a permis, dans des cas excessivement restreints, l'application de certains règlements de police, et à l'heure qu'il est, la discussion continue, parmi nos confrères et parmi les légistes du pays, sur l'opportunité et la nécessité d'une réglementation plus efficace.

En réalité, la proportion des affections vénériennes doit indiquer assez sûrement l'état de la santé publique sur ce point particulier, mais il serait inexact d'en conclure du plus ou moins de moralité du soldat. Cette condition n'est influencée que par la facilité des occasions, et la proportion des malades n'est point du tout en rapport avec la sagesse ou l'incontinence des hommes.

Le rapport plus élevé des vénériens parmi les nègres des Antilles peut, à la vérité, signifier encore une acuïté plus grande, une imprégnation plus profonde, en raison de l'hérédité du mal, si commune parmi ces populations. Cependant, malgré ces circonstances, la facilité des occasions tient évidemment une grande place dans les chiffres qui donnent ici une proportion double parmi les noirs, 266 au lieu de 128.

Ce qui le démontre surabondamment, c'est la proportion si inférieure des vénériens parmi les troupes nègres de Ceylan; on ne trouve là que 27 admissions, tandis que les Anglais en offrent 205. Mais les soldats nègres de cette île sont des gens mariés pour la plupart, et employés dans de petits postes où ils résident en famille.

TABLEAU V.

POUR 1000 HOMMES D'EFFECTIF.

LIEU DE RÉSIDENCE	Fièvre intermittente et rémittente A	I	Maladie vénérienne A	I	Aliénation mentale A	I	Châtiment corporel A	I	Alcoolisme A	I	Alcoolisme (décès) A	I	Suicide A	I
Royaume-Uni	7	»	329	»	1,68	»	2,43	»	6,4	»	0,13	»	0,26	»
Méditerranée — Gibraltar	5	»	181	»	1,82	»	2,97	»	15	»	0,22	»	0,34	»
Méditerranée — Malte	.5	4	81	69	1,32	2,10	2,66	0,8	14	4	0,45	»	0,18	»
Méditerranée — Iles Ioniennes	23	»	145	»	4,44	»	1,89	»	7	»	0,19	»	0,09	»
Moyennes pour la Méditerranée	10	»	125	»	1,45	»	2,58	»	13	»	0,18	»	0,17	»
Amérique du Nord — Canada	6	»	161	»	0,96	»	1,84	»	21	»	0,66	»	0,26	»
Amérique du Nord — Nouvelle-Ecosse et Nouveau-Brunswick	4	»	123	»	1,25	»	2,65	»	18	»	0,77	»	0,14	»
Amérique du Nord — Terre-Neuve	»	»	88	»	5,23	»	2,85	»	42	»	1,43	»	»	»
Amérique du Nord — Columbie	7	»	109	»	1,84	»	»	»	7	»	»	»	»	»
Moyennes pour l'Amérique du Nord	4,5	»	149	»	1,16	»	2.03	»	20	»	0,70	»	0,22	»
Iles Bermudes	3	»	66	»	1,00	»	3,02	»	48	»	2,46	»	0,67	»

LIEU DE RÉSIDENCE	Fièvre intermittente et rémittente A	I	Maladie vénérienne A	I	Aliénation mentale A	I	Châtiment corporel A	I	Alcoolisme A	I	Alcoolisme (décès) A	I	Suicide A	I
Mer des Antilles — Jamaïque	120	278	123	393	1,42	3,48	3,93	3,65	39	3	0,94	»	0,94	0,87
Mer des Antilles — Barbade	161	52	221	333	2,37	5,68	3,05	6,14	28	4	0,68	»	0,34	0,68
Mer des Antilles — Sainte-Lucie	154	95	55	64	»	»	»	7,14	38	»	»	»	»	»
Mer des Antilles — Trinité	304	98	56	65	2,89	5,44	0,58	4,84	53	2	2,90	»	1,74	1,84
Mer des Antilles — Guyane	1052	121	63	168	»	3.33	0,93	2,22	85	4	5,60	»	»	0,56
Mer des Antilles — Honduras	»	287	»	146	»	2,02	»	3,64	»	3	»	»	»	0,81
Mer des Antilles — Bahama	»	152	»	156	»	4,72	»	3,45	»	5	»	»	»	0,35
Moyennes pour la mer des Antilles	222	179	128	266	1,72	3,49	2,82	4,20	40	3	1,38	»	0,69	0,73
Afrique occidentale : Sierra-Leone, Côte d'Or, Gambie	»	260	»	234	»	1,45	»	5,34	»	4	»	0,52	»	1,02
Ile Sainte-Hélène	20	»	131	»	5,22	»	1,42	»	43	»	0,47	»	0,24	»
Cap de Bonne-Espérance	26	»	246	»	2,95	»	3,45	»	20	»	0,79	»	0,14	»
Ile Maurice	13	»	122	»	1,93	»	3,03	»	20	»	0,34	»	0,69	»
Moyennes pour ces trois pays	22	»	202	»	2,85	»	3,17	»	22	»	0,64	»	0,30	»
Ile Ceylan	120	400	205	27	2,94	2,32	3,64	0,93	44	4	1,54	»	0,42	0,28
Chine	450	575	300	104	1,64	1,83	4,42	1,05	54	2	0,84	»	0,48	0,26
Japon	261	»	434	»	»	»	3,48	»	34	»	»	»	0,87	»
Présidence du Bengale	486	»	281	»	2,84	»	1,13	»	43	»	0,55	»	0,30	»
Idem . . . de Madras	163	»	256	»	3,30	»	2,60	»	22	»	0,43	»	0,25	»
Idem . . . de Bombay	477	»	263	»	2,40	»	1,63	»	19	»	0,51	»	0,41	»
Moyennes pour l'Inde	123	»	273	»	2,83	»	1,50	»	16	»	0,53	»	0,34	»
Australie et Tasmanie	5	»	110	»	4,70	»	2,06	»	31	»	0,74	»	0,29	»
Nouvelle-Zélande	4	»	25	»	1,53	»	16,20	»	14	»	0,48	»	0,03	»
Moyennes pour l'Australasie	4	»	37	»	1,96	»	14,30	»	16	»	0,52	»	0,08	»

OBSERVATIONS

A. Troupes anglaises.
I. Troupes indigènes.

Les troupes indigènes sont des Maltais à Malte, des nègres dans les Antilles, l'Afrique occidentale et Ceylan, des Indiens ou des Chinois en Chine.

9° L'*aliénation mentale* donne des proportions extrêmement diverses, variant, pour les Anglais, de 5,23 (Terre-Neuve) à 0,96 (Canada). Il serait difficile de déterminer les causes de ces différences, qui peuvent être absolument occasionnelles. Cependant la proportion des nègres aliénés est double de celle des Européens dans la mer des Antilles, 3,49 pour les premiers, 1,72 pour les seconds. Les chiffres des Barbades et de la Trinité sont considérables 5,68 et 5,44. La proportion est beaucoup moindre à la côte occidentale d'Afrique, 1,15, et aussi à Ceylan, 2,32. Pour ces derniers, comme pour les troupes asiatiques de Chine, les moyennes se rapprochent sensiblement de celle des Anglais.

Les troupes du Royaume-Uni ont une moyenne de 1,68, qui paraîtra fort élevée si on la compare à la nôtre, qui était en 1866 de 0,40 seulement (officiers déduits des deux parts). Nous avons compris dans les chiffres anglais tous les cas inscrits sous les deux rubriques : *Mania, Amentia.* Il ne peut guère être question d'erreurs de diagnostic en pareil cas; mais nous ne désignons comme aliénés en France, que les hommes reçus dans les asiles spéciaux, tandis que les cas passagers sont compris, en Angleterre, dans les chiffres donnés. La différence est, malgré cela, encore très-considérable.

Nous avons cherché s'il pouvait être établi un rapport de causalité entre l'alcoolisme et l'aliénation; pour les nègres, cela est inadmissible, l'alcoolisme n'existant pour ainsi dire pas parmi eux; pour les Anglais, quelques coïncidences sont à signaler, notamment à Terre-Neuve, à Sainte-Hélène, à la Trinité et même en Australie, où les aliénés sont en plus grand nombre, en même temps que les cas d'alcoolisme se multiplient. Mais, à côté de ces faits positifs, nous avons rencontré des faits négatifs difficilement conciliables avec les premiers, et nous avons dû renoncer à émettre une opinion d'après des éléments aussi contradictoires.

10° Ainsi que nous l'avons fait observer plus haut, le *châtiment corporel* est encore en usage dans les rangs de l'armée anglaise. Nous n'avons pas à nous préoccuper de cette coutume barbare, au point de vue philosophique; mais il nous a semblé intéressant de rechercher dans quelle mesure ces peines disciplinaires entraînaient l'admission à l'hôpital, c'est-à-dire l'incapacité momentanée du service militaire.

Sur 1000 hommes d'effectif, dans le Royaume-Uni, il en est 2,43 qui, année moyenne, entrent à l'hôpital pour cette cause. La proportion descend à 2,03 dans l'Amérique du Nord, et à 1,50 dans l'Inde. Elle monte à 2,58 dans la Méditerranée, à 2,82 dans les Antilles, à 3,17 dans les possessions sud africaines, à 4,42 en Chine, et à 14,30 en Australasie. Les troupes employées dans la Nouvelle-Zélande ont subi un rigoureux emploi de ces moyens coercitifs; l'état de guerre et d'insurrection du pays explique peut-être cette fâcheuse situation.

Parmi les noirs, les moyennes sont généralement plus élevées; on trouve 4,20 dans les Antilles, au lieu de 2,82 (anglais), et 5,31 sur la côte occidentale d'Afrique. En revanche, les troupes asiatiques employées en Chine donnent un chiffre très-modéré, 1,05, au lieu de 4,12 (anglais).

Il existe encore ici quelques rapports de coïncidence, plus facilement explicables, entre les punitions corporelles et l'alcoolisme ; cependant des différences notables sont aussi constatées, et l'incertitude reste la même.

11° L'*alcoolisme* existe, dans l'armée anglaise, à un degré dont nous nous ferions difficilement une idée. Le rapport que nous étudions range dans deux catégories différentes les malades de cette cause : 1° ivresse ; 2° delirium tremens ; nous les avons réunis ici sous un seul titre *alcoolisme*, parce qu'il nous a semblé que l'étude du fait en lui-même devait primer les considérations pathologiques.

Pour l'Angleterre, cependant, nous allons donner en détail les chiffres relevés pendant les huit années 1859-66 ; 3194 hommes sont entrés à l'hôpital pour ivresse, et 819 pour delirium tremens. Au total, la proportion est 6,4 malades de cette catégorie par an, pour 1000 hommes d'effectif. La mortalité a été de 30 par ivresse (0,94 pour 100 malades) et de 50 par delirium (6,15 pour 100 malades), au total 0,13 décès par an pour 1000 hommes d'effectif.

Ces proportions, déjà très-fortes, sont cependant de beaucoup inférieures à celles que l'on constate dans les autres pays occupés. Ainsi, pour la Méditerranée, la proportion est 13 malades, et 0,18 décès. Dans l'Amérique du Nord, 20 malades, 0,70 décès ; dans les Antilles, 40 malades, 1,38 décès ; en Chine, 54 malades, 0,84 décès ; à la Trinité, nous trouvons 53 malades, 2,90 décès, et à la Guyane, 85 malades, et 5,60 décès !

Pour les troupes noires, l'alcoolisme n'existe pour ainsi dire pas ; le plus grand nombre de ces hommes professent en effet la religion musulmane, qui les préserve de ces tristes excès.

12° Quelques indications sur le *suicide* termineront l'étude des conditions de santé morale de l'armée anglaise. Ici les chiffres sont relativement favorables ; la moyenne 0,26, particulière à la Grande-Bretagne, est de beaucoup inférieure à celle de l'armée en France 0,51. Le mode particulier de recrutement est-il pour quelque chose dans cette situation meilleure ? Il est permis d'en douter, si l'on veut bien se souvenir que, contrairement à l'opinion généralement admise, l'acclimatation du jeune soldat sous les drapeaux se traduit chez nous par une proportion inférieure des suicides, et que, pour la catégorie des trois premières années de service, la moyenne n'est que de 0,30, chiffre à peu près analogue à celui des soldats anglais.

La moyenne anglaise augmente, du reste, dans beaucoup de colonies ; on trouve ainsi 0,69 dans les Antilles et à Maurice, 0,42 à Ceylan, 0,48 en Chine, 0,87 au Japon. La Trinité donne même la proportion 1,74.

Pour les nègres, il y a, ici encore, une augmentation notable, ceux de Ceylan mis à part, et nous avons dit pourquoi la proportion devient 0,73 dans les Antilles et 1,02 à la côte d'Afrique. A la Trinité, se rencontre, comme pour les Anglais, le chiffre le plus élevé ; mais il est de 1,81 pour la race nègre.

Le chiffre le plus favorable est celui de la Nouvelle-Zélande, 0,05 ; et si nous nous arrêtons un instant sur la situation particulière de cette colonie, c'est que l'état de guerre
a paru y créer des conditions plutôt favorables que fâcheuses.
Si l'on examine, en effet, l'ensemble des chiffres fournis
pour ce pays, on trouvera : une morbidité inférieure à celle
du Royaume-Uni, 31 malades par jour pour 1000 hommes ;
une mortalité par maladie, très-restreinte, 11,45 ; des
moyennes généralement faibles pour les causes des décès
étudiées ; très-peu de vénériens, 25 ; peu d'alcoolisme, 14,
et, pour terminer, la proportion des suicidés, si remarquable par son infériorité relative.

Seul, le chiffre des châtiments corporels offre une proportion hors de toute mesure ; mais nous nous garderons
bien de lui attribuer aucune heureuse influence.

A l'autre extrémité de l'échelle proportionnelle, la Chine
est la colonie la moins bien partagée sous tous les rapports ;
morbidité considérable, un dixième de l'effectif ; mortalité
par maladie énorme, 58,32 ; phthisie, dyssenterie, hépatite,
choléra fournissant des coefficients mortuaires très-élevés ;
enfin, malgré une répression encore assez énergique (4,12)
une proportion de vénériens et d'alcoolisants au-dessus de
la moyenne.

C'est en combinant ainsi les divers résultats consignés
dans nos tableaux qu'il sera possible de se rendre compte
de l'état des troupes, selon leur résidence. Ce petit travail
est facile à faire désormais pour qui voudra s'y livrer. Nous

avons eu surtout en vue d'exposer ici les modifications subies par la santé du soldat anglais dans ses nombreuses stations autour du globe, et nous espérons que, malgré l'aridité des chiffres, l'importince du sujet pourra donner. quelque attrait à notre travail.

FIN.